THÈSE

POUR

LA LICENCE.

ACADÉMIE DE TOULOUSE.

FACULTÉ DE DROIT DE TOULOUSE.

ACTE PUBLIC

POUR

LA LICENCE

EN EXÉCUTION DE L'ARTICLE 4, TITRE 2, DE LA LOI DU 22 VENTÔSE, AN XII.

SOUTENU PAR

M. TACHARD (Louis-Hilaire-Henri-Valère),

Né à Montcuq (Lot).

JUS ROMANUM.

De personis quæ obligari possunt.

(*ff* Lois 14, 39, 43, 46, 59; Inst. lib. 3, tit. 19, § 9 et 10).

1° Obligari potest pater familias, suæ potestatis, pubes, compos mentis (loi 43, de oblig. et act.).

2° Filius familias ex omnibus causis tanquam pater familias obligatur, et ob id agi cum eo tanquam cum patre familias potest (loi 39, de oblig.

et act.) exceptâ causâ mutui, quippe ex S. C[to] Macedoniano denegatur actio eo qui filio familias pecuniam crediderit.

3° Pupillus sine tutoris autoritate non obligatur jure civili (loi 43). Mutuam pecuniam accipiendo, nequidem juri civili obligatur (loi 59, hoc titulo).

4° Furiosus ac pupillus, ubi ex re actio venit, obligantur etiam sine curatore vel tutoris auctoritate (loi 46); veluti si communem fundum habeo cum his et aliquid in eum impendero, vel damnum in eo pupillus dederit, nam judicio communi dividundo obligantur.

5° Servus autem ex contractibus non obligatur (loi 43). Servi ex delictis quidem obligantur, et si manumittuntur, obligati remanent. Ex contractibus autem civiliter quidem non obligantur, sed naturaliter obligantur et obligant (loi 14, hoc titulo).

Ista sunt principia quæ explicare oportet.

§ 1er.

De obligatione civili. — De obligatione naturali.

Incipiendum enim est hanc materiam explicare, nam totam materiam amplectat.

Naturalis obligatio est naturæ et æquitatis vinculum, quo ità adstringimur ad aliquid dandum vel faciendum, aut præstandum, ut nulla eo actio nomine sit jure civili. Dicitur naturalis non à naturâ, seu naturali instinctu, sed à naturâ humanâ, id est, rectâ ratione, quæ, sola, quod æquum est dictat. Vinnius hanc definitionem præstat. Hæc obligatio conscientias quidem hominum devincit, cum sit vinculum naturæ et æquitatis. In foro tamen exteriori et jure civili non astringit illa obligatio. — Quosdam effectus tamen habet. Nam illa uti potest ad novationem, novari potest. Fidejussor ad illam adjici. Si autem debitum ab obligatione naturali solutum fuerit, hoc debitum repetere reus nequit. — Hi sunt naturalis obligationis effectus.

Obligatio autem civilis est vinculum solius juris civilis, quo quisque tenetur ita ut summo jure in eum sit actio, et quo necessitate astringitur alicujus rei solvendæ secundum nostræ civitatis jura. Verba hæc respiciunt obligationem, ut non astringat nisi justa sit et legitima.

Istâ divisione indicatâ, quæ sequentur facilius intelligenda erunt.

§ II.

De impubere.

Pupillus omnia tutoris auctoritate rectè agit, quædam etiam sine eo. Tutore auctore, tam se aliis quàm alios sibi obligare potest. Sine tutoris auctoritate se quidem aliis non obligat, sed alios sibi, et meliorem conditionem suam facere potest, etiam sine tutoris auctoritate. Sed hoc non pertinet ad omnes pupillos cujuslibet ætatis, verùm ad eos tantùm, qui jam habent aliquem intellectum.

Ætatis pupillaris sunt tres partes sive gradus. Est infans, infantiæ proximus, et proximus pubertati. Infans dicitur, quasi fandi impos. Infans enim est qui fari nequit: at enim verò sciendum est, infantiam non usu et naturali facultate loquendi, sed ætate æstimari. Is enim jure habetur et definitur infans qui minor est septem annis; nam natura fari potest, sed quid loquatur non intelligit. Infantiæ proximus dicitur, qui septemnium nuper superavit. — De jure illorum pupillorum dicam, cum de furioso loquar.

Accursius reliquum tempus, quod infantiam sequitur, usque ad pubertatem censet dividendum esse in duas partes aquales, ut, qui consistat intrà priorem, hic sit infantiæ proximus, qui hanc egressus consistat intra posteriorem, is dicatur proximus pubertati.

Pubertati proximus jam intelligit, velle et consentire naturâ potest. — Neminem dubitare oportet quin ex conventione suâ naturaliter obligetur. — Sed qui in potestate parentis est impubes, ne auctore quidem patre obligatur. Nam auctoritas ad pupillum tantum spectat.

§ III.

De furioso.

Verbis stipulatio dicitur, non quod, sine consensu, solis verbis fiat, sed quod sine verbis non fiat solo consensu. — Semper enim illud manere debet, nullam obligationem, quæ quidam ex contractu sit, sine consensu constitui.

Proinde quicumque animi judicio carent, hi non magis ex stipulatu, quam ex quovis alio contractu obligari possunt. In hoc genere sunt furiosi, mente capti, prodigi, addo etiam infantes. Nam infans et infantiæ proximus non multum a furioso differt. Furiosum nullum negotium contrahere aut gerere posse naturâ manifestum est, nec si curatoris auctoritas accedat.

Ratum autem manet quod ante furorem vel tempore intermissionis gessit.

In eadem causa est et is cui bonis interdictum.

At prodigus stipulando aut aliter contrahendo sibi acquirere potest, sed promittendo, non obligetur magis quam furiosus.

§ IV.

De muto et surdo.

Cum stipulatio confici non possit, nisi utroque loquente, et altero interrogante, altero ad interrogatum respondente, palàm est neque mutum neque surdum ad verborum obligationem pertinere; non mutum quia loqui non potest, non surdum quia verba stipulantis audire et proinde ad interrogata respondere nequit : Sed stipulare possunt, litteris, aut per servum, præsentem qui domino acquirit ex stipulatu actionem. Quod de surdo antea dicitur, non intelligendum est de eo qui tardius exaudit, sed de eo qui omnino non exaudit.

§ V.

De servo.

Servus numquam se obligare potest, valde tamen sibi factum stipulatur, obligatur ex delictis suis, servus est domini instrumentum, si stipulationem facit, domino acquirit. Sed si servus civiliter numquàm se obligari nequit, naturaliter non idem est. Sed cum factum in stipulatione continebitur omni modo persona stipulantis continetur; veluti si servus stipuletur, ut sibi agere liceat, ipse enim tantum prohiberi non debet, sed etiam dominus ejus. Ergo in hac specie stipulatio servo rectâ viâ prodest, sed indirectâ domino ejus.

Servus quidem non solum domino suo obligari non potest, sed nequidem ulli alii : nam dominus et servus, in iis quæ juris sunt, vice unius personæ funguntur. Utique tamen naturalis saltem obligatio in proposito nascitur.

Servi naturaliter ex contractibus obligantur, quia quod ad jus civile attinet, pro nullis habentur : non tamen jure naturali, quia quod ad jus naturale attinet, omnes homines æquales sunt.

Quum ex delictis suis servus obligatur, si manumittitur posterius, semper obligatus remanebit.

Quæ sunt personæ quæ se obligari possunt enumeravi.

CODE NAPOLÉON

De la propriété en général, ses fondements naturels et ses progrès; limites des facultés qu'elle donne et de son exercice.

Déjà quelque temps avant 1848, un révolutionnaire, alors obscur, avait fait un livre, où il s'était posé cette question : *Qu'est-ce que la propriété ?* La propriété c'est le vol, avait-il répondu, mot qui plus tard avait fait fortune, non pas peut-être à cause de l'idée neuve et hardie qu'il représentait, mais surtout à cause du jeu de mots qu'il produisait, de l'opposition et du contraste qui se trouvaient entre ces deux mots; encore ce mot, qui a fait la célébrité de M. Proudhon, ne lui appartient-il pas ; il l'a tiré de je ne sais quel philosophe du dernier siècle.

La prédication de cette maxime, tous les jours prônée au Luxembourg et dans les clubs, produisit l'émeute de juin. L'émeute fut vaincue, mais cette victoire ne fut qu'un fait. De quel côté était le droit ? Les idées ne peuvent être combattues que par des idées; on ne saurait leur opposer des faits.

Comme, dans la défense d'une cause aussi importante que les fondements naturels de la propriété, ou sa légitimité, il importe surtout de produire de bons arguments, nous allons commencer par exposer les divers systèmes qui ont voulu prouver sa légitimité, et faire leur critique.

1er SYSTÈME. — *L'occupation.*

Res cedit primo occupanti. Tel est le commencement de ce système.

Possideo quia possideo. Telle en est la fin. Il est facile de voir que la possession est un fait, et nous cherchons un droit. La possession doit donc être rejetée. La possession est la manifestation et non le fondement d'un droit.

2e SYSTÈME. — *Prescription.*

La prescription, qu'un philosophe a appelée *patrona generis humani*, n'est autre chose que la possession continuée, avec tous les vices qui l'ont affectée à son origine.

3e SYSTÈME. — *Le travail.*

Celui qui a formé une matière, celui qui d'un objet inutile a fait un instrument utile à l'homme, mérite à cause de son travail, d'acquérir la propriété de son œuvre. Ce système, plus sérieux que les deux autres, est cependant insuffisant ; il s'ensuivrait que la propriété serait le résultat de l'industrie, d'un mérite qui serait tout personnel à l'auteur de l'œuvre. Comme les descendants ne peuvent hériter du mérite, il s'ensuivrait que la propriété se bornerait à celui qui a créé la chose. Et pour travailler, il faut se mettre en possession ; pour travailler la matière, ne faut-il pas l'occuper ? Donc, l'origine de la propriété serait, dans ce cas, une usurpation. Avant de justifier le travail, il faut justifier la possession. Ce système retombe dans les objections de l'occupation.

4e SYSTÈME.

Le quatrième, qui est celui de M. Cousin, présente encore le même inconvénient que les précédents; car pour celui-là, comme pour tous les autres, il faut justifier le fait de l'occupation ; car il prétend qu'il faut respecter l'homme dans toutes ses manifestations, l'individu dans toutes ses créations, et par conséquent dans sa propriété.

5e SYSTÈME.

Le dernier de tous est celui de M. Frédéric Bastia, chef des économistes français, simple juge de paix d'un canton du département des Landes ; il consacra ses loisirs à l'étude des grandes questions d'économie, et mérita, par son érudition, de la part des économistes français, le titre de chef de l'école francaise. Aux contradictions économiques de M. Proudhon, il opposa, quelques jours avant sa mort, un ouvrage dans lequel est développé le système suivant, qui est complétement basé sur ce qu'il appelle *les idées de valeur et d'utilité.*

Une chose peut être utile et n'avoir pas de valeur, tel est l'air qui nous enveloppe. Il n'y a personne qui fût assez absurde pour réclamer contre celui qui s'emparerait d'une chose utile, mais sans valeur. A l'origine, la terre était utile, mais sans valeur ; la terre a pu être occupée sans usurpation, car elle n'avait pas de prix. Voilà, dit M. Bastia, le dernier argument à opposer au socialisme. On peut répondre à M. Bastia que si les propriétaires n'avaient pas d'autres arguments à opposer aux socialistes, ils n'auraient qu'à s'avouer vaincus ; car l'assimilation de la terre à l'air est fausse, aussi fausse que l'idée de supposer la terre sans valeur. Si ceux qui se battaient sur les barricades de juin avaient pu jouir de la terre, comme ils jouissaient de l'air, il est probable, pour ne pas dire certain, qu'ils ne se seraient pas battus.

Nous avons achevé la partie critique, passons à la défense de la propriété, qui est bien plus difficile, car il est plus difficile d'édifier que de détruire.

Il est impossible à une société de marcher sans le travail de tous ses membres, ou de presque tous ses membres. La matière ne produit rien par elle-même, c'est le travail qui crée toutes choses, qui fait rendre à la nature tout ce dont elle est susceptible. Il est donc bien constant que, sans le travail de ses membres, la société ne saurait exister. Il s'agit de savoir comment on déterminera l'homme à travailler, quel sera le mobile qui le fera travailler.

Il serait inexact de dire que le travail est un plaisir ; le travail est une chose pénible, il faut que la nécessité nous y contraigne ; la nécessité est une loi, il est vrai, mais notre nature y résiste, et elle ne cède que par force ou par l'espoir d'un résultat avantageux.

On nous dira, peut-être, que si l'homme résiste au travail, c'est parce que la société ne place pas chaque homme, suivant sa vocation ; que tel paysan qui est derrière sa charrue serait, peut-être, un excellent homme d'état ou un bon général, et on chercherait par là à établir que le travail est un attrait. Cependant, si l'on observe les hommes, ceux-là même qui sont entraînés à leur profession par leur goût, on verra qu'ils ne tardent pas à s'en fatiguer ; car du moment que le travail devient une loi, et cesse d'être une distraction, on le fera par devoir, par besoin et non par plaisir ; d'ailleurs, il est des travaux d'une telle nature, tels que les travaux de constructions et de terrassements et bien d'autres qu'il est impossible qu'on les fasse avec plaisir, et ce sont cependant les plus utiles à la société.

Le travail est donc une loi de notre nature, qui devient une fatigue et que nous ne faisons pas volontairement ; du reste, il a été imposé à l'homme comme une punition, lorsque Dieu, comme nous l'apprend le plus ancien livre du monde, dit au premier homme et à la première femme : *Adam, tu vivras à la sueur de ton front, et toi Eve, tu enfanteras dans la douleur.*

Il s'agit donc de savoir comment on obtiendra ce travail, condition d'existence de toute société, et quel sera le mobile qui nous y portera.

Ce mobile, c'est la propriété privée.

Fourrier donne au travail pour mobile l'attrait; ce que nous venons de dire du travail le réfute assez. Un autre donne pour mobile, l'amour-propre; un autre remplace l'intérêt individuel par l'intérêt collectif. S'ils espèrent avec ces mobiles arriver au travail, je pense qu'ils n'y parviendront jamais, car ils sont insuffisants, et nous retombons dans la nécessité de la propriété privée qui seule est assez puissante pour nous porter au travail; puis, du reste, l'expérience du genre humain est une leçon bien imposante, car depuis qu'il y a des sociétés, elles ont toutes existé par le travail et la propriété, et de même que, dans la nature. les corps subissent les lois physiques, de même la société ne saurait exister sans cette loi fatale imposée à l'humanité par Dieu.

Nous trouvons donc à la propriété un fondement inébranlable dans la nécessité, et nous pouvons dire que la propriété est morale et légitime, parce qu'elle est indispensable à l'existence de la société; nous pourrons même ajouter, que détruire la propriété, c'est détruire la famille, car ces deux choses se lient étroitement et ne sauraient exister l'une sans l'autre.

La propriété est un instinct naturel de l'homme, de l'enfant, de l'animal, c'est un but unique, c'est la récompense indispensable du travail; si l'on remonte le cours des âges, on verra que l'on n'a découvert l'homme nulle part dans l'isolement. Ces tristes habitants de l'Océanie, qui ressemblent pour ainsi dire aux singes, que la création nous présente uniquement consacrés à la pêche, ont été trouvés rapprochés les uns des autres, vivant en commun et communiquant entre eux par des cris rauques et sauvages. Toujours on a trouvé l'homme ayant sa demeure, sa femme, ses enfants et ses instruments de pêche ou de chasse, formant les premières agglomérations qu'on appelle familles, lesquelles, juxtaposées les unes aux autres, forment des peuplades, qui par instinct naturel conservent ce qu'elles possèdent, se défendent en commun, comme elles vivent de même.

Tous ces actes s'accomplissent d'instinct, avant qu'on n'ait rien écrit sur les lois ni sur les arts, avant qu'on soit convenu de rien, les règles instinctives de cet état primitif les plus rudimentaires de toutes, les plus générales et les plus nécessaires, peuvent bien être appelées *Droit naturel*; or, la propriété existe dès ce moment, car on n'a jamais vu que dans cet état même l'homme n'eût pas sa cabane ou sa tente, sa femme, ses enfants, avec quelques accumulations des produits de sa pêche, de sa chasse ou de ses troupeaux en forme de provision de famille; et si un voisin, ayant des instincts précoces d'iniquité, veut lui ravir quelques-uns des biens modestes composant son avoir, il les défend d'abord, et puis il s'adresse au chef de la peuplade, et lui demande redressement et protection si on les lui a ravis.

Chez tous les peuples, quelque grossiers qu'ils soient, on trouve donc la propriété d'abord comme un fait, et puis comme une idée plus ou moins claire, suivant le degré de civilisation auquel ils sont parvenus, mais toujours invariablement arrêtée.

La propriété est un fait général et universel.

Nous pouvons donc dire que la propriété est un droit naturel, que c'est une loi de l'homme qui est faite pour la propriété, qu'elle est une loi de son espèce.

Il ne suffit pas que la loi naturelle nous démontre le droit de propriété; la loi civile a dû, tout en se sanctionnant, préciser les différentes modifications qu'il peut subir par la volonté du maître, et nous tracer les limites assignées à l'action de cette volonté.

L'art. 544 du Code Napoléon définit la propriété, le droit de jouir et de disposer des choses de la manière la plus absolue, pourvu qu'on n'en fasse pas un usage prohibé par les lois ou par les réglements. Cet article, joint à l'art. 546, qui admet le droit d'accession, relativement à ce qui est produit par la chose et à ce qui s'y unit et s'y incorpore, sanctionne pour le propriétaire une liberté et des droits absolus, en tant qu'ils ne se trouveront pas restreints par des lois et des réglements spéciaux et qu'ils ne seront pas en opposition avec des intérêts publics ou privés.

Le propriétaire peut, pendant sa vie, jouir de la manière la plus absolue, c'est-à-dire user et abuser de la chose, l'échanger, la vendre, la donner selon son espèce, l'assujettir à des servitudes, et lorsque la mort vient l'enlever à ce monde, en vertu de ce principe que la loi civile est venue encore sanctionner, que l'homme social ne meurt pas tout entier, il peut librement disposer de ce qu'il possède et le transmettre selon sa volonté, sauf les modifications qu'entraîne l'affection réclamée par la nature.

La propriété du sol, dit l'art. 552, emporte la propriété du dessus et du dessous. Le propriétaire peut faire au dessus toutes les plantations et constructions qu'il juge à propos, sauf les exceptions établies au titre des servitudes ou services fonciers. Il peut faire au dessous toutes les constructions et fouilles qu'il jugera à propos, et tirer de ses fouilles tous les produits qu'elles peuvent fournir, sauf les modifications résultant des lois et réglements relatifs aux mines, et des lois et réglements de police.

Nul, en aliénant sa propriété, ne peut conférer plus de droits qu'il n'en a lui-même, et son droit de jouir de sa propriété, se trouve modifié par les art. 640, 671, 672, 681, etc., pour l'utilité d'un fonds d'un voisin. Il est de principe aussi que nul ne peut rien faire sur son héritage, qui soit nuisible à l'héritage voisin.

Tout en protégeant la liberté de jouir et de disposer de ce que l'on possède, la loi, avons-nous dit, a dû indiquer en même temps la limite, barrière à laquelle doit s'arrêter ce droit : elle a été emmenée à fixer cette ligne de démarcation dans un but d'intérêt général et d'intérêt privé, et ses prohibitions sont motivées sur la qualité des personnes et sur l'objet de la propriété ; tantôt elle arrêtera dans son action le propriétaire, parce que, tout en ayant au fond la propriété d'une chose, il n'en a pas la libre jouissance à cause de son incapacité, tantôt le fonds possédé par une personne sera, pour un laps de temps indéterminé, livré en jouissance à un autre, ou bien encore sera assujetti à une servitude, ou enfin, dans d'autres cas, la loi, dans un intérêt d'utilité, de salubrité, interdira, par des lois ou des réglements, un acte de libre disposition.

L'art. 552, que nous avons déjà cité, en indiquant l'étendue du droit de propriété, signale une restriction fort importante à l'action de la volonté du propriétaire, qui est obligé de supporter les servitudes auxquelles son fonds est assujetti.

La loi, dans les art. 546 à 577, 676 à 680 et 640, a tracé des règles que l'équité et l'intérêt de la justice ont dicté, mais qui ne doivent pas moins en être regardées comme une dérogation au respect du droit absolu de propriété.

Mais ce ne sont pas les seules limites apportées au droit de propriété ; il est des personnes que la loi, à cause de leur incapacité, a dû protéger, et de là, les nombreuses restrictions apportées à la libre disposition du mineur, de l'incapable et de la femme mariée, et le majeur lui-même voit sa volonté méconnue, lorsque méprisant les intérêts de ses créanciers, il lèse leurs droits, ou lorsque, oubliant les liens de la nature, il prive ceux auxquels il a donné le jour, de la part qui leur est réservée, ou bien qu'il enlève à ceux dont il tient la vie ce que la loi leur accorde, quand le disposant meurt sans enfants.

Mais les plus graves modifications, les limites les plus exorbitantes, apportées au droit de propriété, sont celles prescrites dans l'intérêt public. Alors, en effet, le législateur a dû préférer le besoin général, et a pu avec juste raison sacrifier des droits minimes en face de l'utilité, de la salubrité publique. C'est ce qui explique ces lois et ces règlements dans l'intérêt commun.

Cependant, si le droit sacré de propriété peut être frappé de la manière la plus absolue, par l'abandon forcé, ce n'est que pour cause d'utilité publique et moyennant une juste et préalable indemnité (545).

C'est encore en vertu de cet intérêt général préféré à l'intérêt privé, que les propriétaires des terrains attenants aux routes se voient gênés dans l'exercice de leurs droits, et sont assujettis pour certains travaux, et surtout pour des plantations, à des règlements qui portent atteinte au droit de propriété.

La sécurité et la salubrité publique fournissent aussi d'importantes restrictions aux droits du propriétaire.

La société existe sous la protection et la défense de l'Etat, qui tient en main la prospérité publique. Chaque propriétaire doit donc à l'État en retour de cette protection (et ce n'en est pas moins une limite bien ordonnée aux droits de propriété), le sacrifice d'une portion de ses revenus ; livré à ses seules ressources, l'Etat ne pourrait subsister, et son inaction entraînerait des commotions violentes et la misère générale.

En résumant ce que nous avons dit sur les limites assignées aux facultés que donne le droit de propriété, nous voyons que le droit du propriétaire a dû souvent s'arrêter devant sa propre incapacité, et que souvent aussi l'intérêt public et l'intérêt privé ont réclamé de sa part une abstention, un renoncement à l'exercice de ce droit, abstention et renoncement tracés par l'art. 544; et remarquons surtout que le but dans lequel ces limites infranchissables ont été imposées, imprime au droit du propriétaire un caractère et un respect bien plus sacrés.

PROCÉDURE CIVILE.

Matières sommaires.

On entend par matières sommaires toutes les affaires qui doivent s'instruire sommairement et à l'audience, parce qu'elles sont tellement simples, que le simple exposé qui en est fait de vive voix et sans écritures préalables, met les juges en état de les décider.

Tels sont : 1° *Les appels des jugements prononcés par les juges de paix,* à quelques sommes qu'ils puissent monter.

2° *Les demandes pures personnelles, à quelques sommes qu'elles puissent monter quand il y a titre, pourvu qu'il ne soit pas contesté.*

On doit considérer comme demandes *pures personnelles* toutes celles qui ne concernent rien d'immobilier. Quant aux actions mixtes, comme aussi les actions réelles, ne peuvent jamais faire partie de cette seconde catégorie des affaires sommaires. Qu'importe que le titre soit privé ou authentique, l'affaire doit toujours être regardée et jugée comme sommaire, lors même qu'il n'y aurait qu'une simple promesse verbale reconnue; mais sitôt que l'on conteste le titre, l'affaire cesse d'être sommaire. On peut attaquer l'acte comme faux, ou dans sa forme, ou comme infecté d'une nullité intrinsèque, et alors l'affaire rentre dans la classe des affaires ordinaires. Nous pensons aussi qu'il en est de même quand la force primitive n'est pas contestée, mais que le défendeur soutient que ce titre est éteint par le paiement, ou quelque autre moyen reconnu par la loi, car c'est contester le titre que de prétendre qu'il est actuellement sans force, que ce n'est qu'un papier sans valeur.

3° *Les demandes formées sans titre, lorsqu'elles n'excèdent pas quinze cents francs*, comme pour raison d'achat, vente, délivrance et paiements, pour provisions et fournitures de maison, pour gages de domestiques, salaires d'ouvriers, pourvu que chacune de ces demandes n'excède pas *quinze cents francs.*

L'art. 404 (C. de P.) ne tolérait ces demandes que jusqu'à *mille francs* ; mais il a été modifié sous ce rapport par la loi du 12 avril 1838. Si la demande inférieure à 1500 francs est fondée sur titre, elle restera toujours sommaire, quoique ce titre soit contesté ; car, en ce cas, le législateur ne prend en considération que le chiffre de la demande.

4° *Les demandes provisoires ou qui requièrent célérité.* Ainsi, lorsqu'il s'agit d'apposition et levée des scellés, de réparations urgentes, lorsqu'il s'agit de statuer sur la nullité d'un emprisonnement pour dettes, le juge peut alors statuer définitivement sur assignation à bref délai, donnée en vertu de sa permission (art. 795, Code de P.). Toutes les affaires dont il est question dans la seconde disposition de l'art. 135 du Code de procédure doivent être rangées dans cette classe d'affaires sommaires.

5° *Les demandes en paiement de loyers et fermages et arrérages de rentes.* La facilité qu'ont les juges de décider ces sortes de demandes les a fait ranger parmi les affaires sommaires. Mais s'il vient s'y joindre une demande en résiliement de bail, ou en remboursement de rente, ou que le titre sur lequel se fonde le demandeur soit contesté, l'affaire devient ordinaire. Un arrêt de la Cour de cassation, du 27 juin 1810, a décidé sommaire l'affaire en résiliement de bail, et un autre arrêt de la Cour de Bruxelles, du 12 floréal an XII, a décidé que les demandes en provision pour nourriture et aliments, devaient être classées parmi les causes réputées sommaires.

6° *Les actions réelles ou mixtes, de nature à être jugées en dernier ressort.* Cette dernière catégorie n'a été établie que par la loi du 11 avril 1838. Auparavant, ce genre d'actions ne pouvait jamais figurer parmi les affaires sommaires.

Depuis la loi du 11 avril, il y a donc corélation entre ce dernier ressort et la nature sommaire de l'affaire, en ce sens que toute affaire jugée en dernier ressort est nécessairement sommaire; mais de ce qu'une affaire est sommaire, elle ne cesse pas pour cela d'être susceptible d'appel, quand elle excède 1500 francs.

Voyons maintenant quelles sont les différences qui existent entre les matières sommaires et les matières ordinaires.

Ces différences sont au nombre de cinq :

1° « Les matières sommaires sont jugées à l'audience, après les délais de la citation échus, sur un simple acte, sans autres procédures ni formalités (art. 405). » Il n'y a pas lieu dans ces affaires à la communication des moyens entre les parties, à la signification des défenses par le défendeur, ni à la réponse aux défenses par le demandeur, ce qu'on fait pour éviter les surprises dans les matières ordinaires; elles ne peuvent jamais être l'objet d'une instruction par écrit.

2° Les requêtes en intervention dans les matières sommaires, ne peuvent contenir que des conclusions motivées (art. 405 Code de proc.), comme les demandes incidentes, et elles ne peuvent jamais être grossoyées.

3° L'enquête sommaire diffère à plusieurs égards de l'enquête ordinaire ; dans cette dernière, la partie qui demande doit articuler les faits dans un acte signifié à la partie adverse, et l'enquête ordinaire se fait toujours devant un juge commissaire qui doit toujours en dresser procès-verbal. Dans les affaires sommaires, au contraire, le jugement qui ordonne l'enquête doit, aux termes de l'art. 407, contenir les faits sans qu'il soit besoin de les articuler préalablement, et fixer le jour et heure où les témoins seront entendus à l'audience, ce qui ne dispense pas de signifier le jugement à la partie adverse. Enfin, l'audition des témoins ne doit pas toujours donner lieu à un procès-verbal ; les art. 410, 411 et 412 font, à cet égard, diverses distinctions, pour le cas où le jugement n'est point susceptible d'appel et pour le cas où il en est susceptible. Dans le premier cas, il n'est pas dressé procès-verbal d'enquête ; il sera seulement, dans le jugement, fait mention du nom des témoins et du résultat de leurs dépositions. Dans le second cas, il doit être dressé procès-verbal contenant les serments des témoins, leurs déclarations, s'ils sont parents, alliés, serviteurs ou domestiques des parties, les reproches qui auraient été formulés contre eux et le *résultat de leurs dépositions* (art. 411 Code de proc.) L'absence de procès-verbal devrait emporter nullité.

Dans le cas où les témoins seraient éloignés ou empêchés, le tribunal peut commettre le tribunal ou le juge de paix de leur résidence. Dans ce cas, l'enquête doit toujours être écrite, et il doit aussi en être dressé procès-verbal (402).

Quand l'enquête se fait devant le tribunal, dans une affaire sujette à l'appel, il n'est pas nécessaire que le procès-verbal contienne, à peine de nullité, toutes les mentions exigées dans l'art. 275 ; pour les enquêtes ordinaires, il suffit des indications exigées par l'art. 411, et l'omission de quelqu'une de ces indications ne peut même vicier que la disposition à laquelle elle se réfère. Si l'enquête se fait devant un juge délégué en vertu de commission rogatoire, comme l'art. 412 ne dit pas ce que le procès-verbal doit contenir, et qu'il semble se référer à l'art. 275, sans y renvoyer expressément, nous pensons qu'il suffit qu'il contienne les mentions exigées par l'art. 411 ; toutefois, dans ce cas, le procès-verbal de l'audition des témoins doit être signifié.

« Seront observées, dit l'art. 413, en la confection des enquêtes sommaires, les dispositions du titre 12 *des enquêtes* relatives aux formalités ci-après : — La copie aux témoins du dispositif du jugement par lequel ils sont appelés ; — copie à la partie des noms des témoins ; — l'amende et les peines contre les témoins défaillants ; — la prohibition d'entendre les conjoints des parties, les parents et les alliés en ligne directe ; — les reproches par la partie présente, la manière de les juger, les interpellations aux témoins, la taxe ; — la faculté d'entendre les individus âgés de moins de quinze ans révolus. »

Le tribunal ne doit pas recevoir la déposition du témoin contre lequel un reproche proposé aura été admis ; si toutefois il le recevait pour le cas où le juge d'appel écarterait le reproche, cela n'entraînerait pas nullité (1).

Lorsque l'une des parties demande prorogation, l'incident doit être jugé sur-le-champ (art. 409, C.)

5° La différence la plus importante entre les matières sommaires et les matières ordinaires, est celle qui est relative aux droits des avoués.

Dans les matières ordinaires, les avoués ont un droit particulier pour tous les actes qu'ils font ; tandis que dans les matières sommaires leur

(1) Cass., 2 juillet 1835.

tarif ne leur accorde, pour tous les actes, qu'une somme déterminée, qui peut varier suivant l'importance de la demande. Outre cela on ne leur passe, en taxe, que les simples déboursés, encore faut-il que l'acte soit indispensable.

5° Les affaires sommaires peuvent être jugées par des chambres de vacation.

A part ces différences, les affaires sommaires sont soumises aux mêmes règles que les affaires ordinaires pour l'ajournement, la conciliation, la constitution d'avoué, la plaidoirie, les commissions rogatoires, etc.

On pourrait douter que les affaires sommaires fussent sujettes à communication au ministère public, tant à raison de leur peu d'importance qu'à cause du titre IV du Code de procédure, qui fixe les matières sujettes à communication, et vient après le titre III, qui est relatif aux matières non sommaires; d'ailleurs le titre XXIV qui a pour objet de régler les procédures et formalités pour les matières sommaires ne fait point mention de la communication au ministère public. Néanmoins on doit dire, qu'en matières sommaires, il doit y avoir communication, dans les mêmes cas, qu'en matières non sommaires, parce qu'il y a même motif, celui de soumettre à la vigilance du ministère public tout ce qui intéresse l'ordre public et les personnes, qui, par leur faiblesse, sont plus particulièrement sous la protection de la justice.

Ainsi, on doit communiquer au ministère public les causes suivantes :

1° Celles qui concernent l'ordre public ;

2° Celles qui intéressent l'état;

3° Celles qui concernent le domaine;

4° Celles où les communes sont intéressées;

5° Celles concernant les établissements publics;

6° Celles qui ont pour objet les dons et les legs au profit des pauvres ;

7° Les causes concernant l'état des personnes;

8° Les causes qui ont rapport aux tuteurs ;

9° Les déclinatoires sur incompétence;

10° Les réglements des juges ;

11° Les récusations de juges ;

12° Les renvois pour parenté ou alliance ;

13° Les causes où prise à partie ;

14° Les causes de toutes les femmes non autorisées par leurs maris ;

15° Les causes des femmes même autorisées par leurs maris, lorsqu'il s'agit de leur dot et qu'elles sont mariées sous le régime dotal.

16° Les causes des mineurs ou des interdits;

17° Généralement toutes les causes où l'une des parties est défendue par un curateur ;

18° Les causes concernant ou intéressant les personnes présumées absentes.

Le procureur impérial peut en un mot, aux termes de l'art. 89 du code de procédure, prendre communication de toutes les autres causes dans lesquelles il croira son ministère nécessaire.

CODE PÉNAL.

Des personnes civilement responsables.

La responsabilité civile, qui fait l'objet des dispositions de la loi pénale, est, en général, l'obligation qui nous est imposée de répondre du préjudice causé par les crimes et délits des personnes qui sont placées sous notre dépendance. En principe, les fautes sont personnel les; nul ne doit répondre que de celles qu'il a commises, et qui peuvent lui être imputées. Celui qui n'est ni l'auteur ni le complice du délit qui a causé le dommage ne peut en supporter la responsabilité.

Toutefois cette règle doit recevoir une limite naturelle, en ce qui concerne le fait des personnes qui se trouvent sous notre surveillance; et ce n'est pas même à proprement parler une exception, car la responsabilité ne dérive point, dans ce cas, du fait d'autrui, mais bien de notre propre fait, c'est-à-dire de l'infraction du devoir qui nous était imposé. La responsabilité prend sa source dans une cause qui nous est personnelle, dans une négligence à remplir une obligation.

Voyons quelles personnes sont responsables aux yeux de la loi, et quel est l'effet légal de la responsabilité civile dans ses diverses applications.

Si l'on peut répondre du fait d'autrui, ce ne peut etre qu'en vertu d'une disposition expresse et formelle de la loi; car cette responsabilité repose sur une présomption de négligence que la preuve contraire ne détruit pas, et dès lors son application peut souvent être injuste et opposée à la raison. On ne peut donc ni étendre au-delà de leur terme les cas de responsabilité, ni en créer d'autres par voie d'analogie.

Cela posé, parcourons les diverses dispositions de la loi qui ont établi les cas de responsabilité civile.

L'art. 73 de notre Code nous offre d'abord un cas tout exceptionnel de cette responsabilité. « Les aubergistes ou hôtelliers, porte cet article, convaincus d'avoir logé, pendant plus de vingt-quatre heures, quelqu'un qui pendant son séjour aurait commis un crime ou un délit, seront civilement responsables des restitutions, des indemnités et des frais adjugés à ceux à qui ce crime ou ce délit aurait causé quelque dommage, faute par eux d'avoir écrit sur leurs registres le nom, la profession et le domicile du coupable. »

L'omission de cette inscription ne constitue en elle-même qu'une simple contravention de police, qui est punie d'une amende de 6 à 10 francs. Mais à côté de cette contravention, la loi a placé la responsabilité civile.

L'art. 74 du Code ne donne aucun autre exemple de cette responsabilité, il ne fait que renvoyer au Droit civil.

La règle générale de cette matière se trouve dans l'art. 1383 du Code civil qui dispose que : « chacun est responsable du dommage qu'il cause, non seulement par son fait, mais encore par sa négligence et son imprudence. » L'art. 1384 fait une application de cette règle au fait des personnes qui sont sous notre dépendance : « On est responsable, dit cet article, non seulement du dommage que l'on cause par son propre fait, mais encore de celui qui est causé par les personnes dont on doit répondre. » La responsabilité civile telle que l'établit l'art. 1384, ne comprend que les dommages et intérêts et les restitutions civiles, elle ne s'étend pas aux amendes.

Le second paragraphe de cet article est ainsi conçu : « Le père et la mère après le décès du mari, sont responsables du dommage causé par leurs enfants mineurs. » Il n'a pas besoin, pour être compris, de grands développements.

La fin de cet article nous dit : Les maîtres et les commettans du dommage causé par leurs domestiques et préposés dans les fonctions auxquelles ils les ont employés ; les instituteurs et les artisans, du dommage causé par leurs élèves et apprentis, pendant le temps qu'ils sont sous leur surveillance. »

La loi, en ne les rendant responsables qu'en tant qu'ils sont sous sa surveillance a été très sage en ajoutant surtout : « La responsabilité ci-dessus a lieu, à moins que les père et mère, instituteurs ou artisans, ne prouvent qu'ils n'ont pu empêcher le fait qui donne lieu à cette responsabilité.

L'action en responsabilité étant purement civile, passe contre les héritiers, et elle ne peut être périmée que par la prescription que la loi criminelle applique au crime et au délit dans lequel elle se puise car ne constituant qu'une obligation accessoire, elle ne peut durer plus que l'obligation principale.

Cette thèse sera soutenue en séance publique, dans une des salles de la Faculté, le 30 novembre 1854.

Vu par le Président de la thèse,

BENECH.

Toulouse. — Imprimerie de Bonnal et Gibrac rue Saint-Rome, 46.

Typographie de Bonnal et Gibrac, 46, rue St-Rome.

www.ingramcontent.com/pod-product-compliance
Ingram Content Group UK Ltd.
Pitfield, Milton Keynes, MK11 3LW, UK
UKHW020527180726
13839UKWH00005B/2351

9 782019 994945